京师讲武堂文丛
太极拳健身指导丛书

孙式太极拳

陈新萌 编著

北京体育大学出版社

策划编辑：赵海宁

责任编辑：郝　彤

责任校对：李光源

版式设计：杨　俊

图书在版编目（CIP）数据

孙式太极拳 / 陈新萌编著 . —— 北京：北京体育大
学出版社 , 2024. 9. —— ISBN 978-7-5644-4164-7

Ⅰ . G852.11

中国国家版本馆 CIP 数据核字第 20240NM212 号

孙式太极拳
SUNSHI TAIJIQUAN
　　　　　　　　　　　　　　　　　　　　陈新萌　编著

出版发行：北京体育大学出版社

地　　址：北京市海淀区农大南路 1 号院 2 号楼 2 层办公 B-212

邮　　编：100084

网　　址：http://cbs.bsu.edu.cn

发 行 部：010- 62989320

邮 购 部：北京体育大学出版社读者服务部 010-62989432

印　　刷：北京科信印刷有限公司

开　　本：710mm × 1000mm　　　1/16

成品尺寸：170mm × 228mm

印　　张：8.625

字　　数：130 千字

版　　次：2024 年 9 月第 1 版

印　　次：2024 年 9 月第 1 次印刷

定　　价：42.00 元

丛书编委会

顾　问：殷恒婵

主　编：吕韶钧

副主编：王建华　　屈国锋

编　委：（按姓氏笔画排序）

　　　　王晓娜　李爱华　李翠含

　　　　宋雅树　张　娜　张长思

　　　　陈新萌　宗维洁　彭　芳

作者简介

陈新萌，男，1989年出生，教育学博士，体育学博士后。现为北京师范大学体育与运动学院副教授，硕士生导师，中国武术七段，中国武术段位制一级考评员，国家级社会体育指导员，北京市课程思政教学名师、北京市海淀区太极拳协会副会长、北京市大学生体育协会青年教师委员会委员。研究方向是武术文化与思想。

曾在《体育科学》《中国体育科技》《武汉体育学院学报》《首都体育学院学报》等核心期刊发表论文10余篇，主编教材2部，参编教材4部，主持课题6项，荣获发明专利1项、实用新型专利1项。曾多次参加国家体育总局武术运动管理中心、国家体育总局社会体育管理中心、中央广播电视总台、北京市体育局、北京市社会体育管理中心的委派教学、志愿服务、裁判评审、栏目嘉宾等工作，并多次荣获优秀裁判员、优秀评委、杰出贡献等奖项。

前言

随着信息技术和人工智能时代的到来，整个社会正经历着一场伟大的变革。人们的生活方式、思维方式，以及人际沟通方式都发生了巨大的变化。同时，社会的快速发展、变革也对如何维持身体的健康水平、状态提出了挑战。生活水平的提高、知识的丰富也让人们越来越重视自身的健康状况。那么，健康仅仅是不生病吗？1990年，世界卫生组织把健康定义为，"健康不仅是没有疾病，而且包括躯体健康、心理健康、社会适应良好和道德健康"。正因为如此，建立自然、和谐、健康的生活方式就成了人们今天所共同追求的生活理念。

党的二十大报告中明确指出："人民健康是民族昌盛和国家强盛的重要标志。把保障人民健康放在优先发展的战略位置，完善人民健康促进政策。"因此，在全面实施"健康中国"的过程中，如何为人民群众提供全方位、全周期的健康服务，如何科学地指导全民健身运动的开展，就成为我们必须认真思考的现实问题。

太极拳运动是我国宝贵的文化遗产，有着悠久的历史。它是一项集哲理、医理、导引、武术于一身，并具有强身健体、竞技表演等多种功能的东方健身运动。其博大精深的理论和技术体系，充分显示了中华民族在传统健身文化领域中独特的创造力和卓越的成就。它与中国传统哲学、传统养生学、传统医学、传统美学，以及传统伦理学等学科有着千丝万缕的联系，是中华健身术百花园里的一朵奇葩。

目前，太极拳的多元价值功能已得到了全世界的普遍认同，它对于促进人类的健康和社会的和谐发挥了积极的作用。练习太极拳，不仅能够强身健体、陶冶情操、修身养性，而且能够领悟中华武术博大精深的文化内涵。随着国际交流的加强，太极拳也成为增进中国与世界各国人民友谊的纽带，是东西方健身文化交融的重要桥梁。

为了更好地发挥太极拳在全民健身中的作用，全面推动全民健身运动的开展，我们策划出版了这套京师讲武堂文丛太极拳健身指导丛书。出版这套丛书的主要目的是让广大太极拳爱好者在掌握太极拳拳法的同时，能够更好地理解太极拳的拳理文化。每一本分册均包括两部分内容：第一部分为理论篇，主要介绍太极拳的基本理论、健康价值和锻炼方法；第二部分为技术篇，本分册对孙式太极拳的简介及特点、孙式太极拳（七十三式）动作名称及动作说明、学练要点和意气配合等进行了介绍，解决了太极拳练习者在练习过程中应该"练什么""怎么练"这两个核心问题，避免太极拳练习成为"慢速体操"。另外，在太极拳套路的选择上，我们主要以现有国家推行的较为普及的太极拳套路为主，如24式太极拳、48式太极拳、陈式太极拳竞赛套路、杨式太极拳竞赛套路、孙式太极拳竞赛套路、太极拳推手套路等。这些太极拳套路有着广泛的群众基础，普及率也较高。我们希望通过本系列丛书的出版，能为广大太极拳爱好者进行科学健身提供帮助。

本书难免有不完善之处，敬请广大读者批评指正。

作者

2023年10月24日

目录

理论篇

一、太极拳的基本理论

（一）太极拳的拳理构成

太极拳的形成和发展与中国传统文化有着千丝万缕的联系，拥有深厚的文化底蕴。它是集中国传统的哲理、医理、拳理于一体，并具有强身健体、娱乐表演等功能的东方健身运动。在哲理上，太极拳强调的是阴阳的对立统一；在医理上，太极拳注重的是经络的通畅；在拳理上，太极拳则追求的是攻守兼备。由此可见，太极拳是一种追求"平衡"的拳术。这种平衡绝不是物理层面上的平衡，而是一种整体的平衡观。（图1）

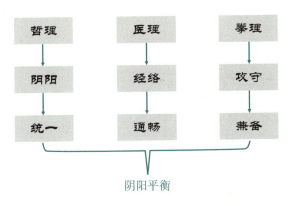

图1　太极拳的拳理构成

（二）太极拳锻炼的基本法则

"松"和"静"是太极拳锻炼者必须恪守的基本法则。"松"是针对外在的身体而言的，"静"则是针对内在的心理而言的，故才有太极拳"心静体松"的技法要求。所谓"松"是指身体内外处于一种不紧张的状态，是实现姿势正确、周身协调、动作舒展、转换圆活的基础和保证。因此，在练习太极拳过程中，"体松"是消除一切拙力，使全身肌体、筋骨、内脏等都松而不塌，使身体各部位有意识地处于一种非常舒适而轻快的状态，不能理解为"松垮""松散""软弱无力"。

"静"是指在练习太极拳过程中，练习者需排除杂念，思想集中，全神贯注，做到专心练拳，处于一种高度安静、轻松舒适的练拳状态，全神贯注地不断用意念来引导每一个动作，从而正确、圆活、饱满地完成动作。由此可见，"心静体松"是太极拳锻炼的基本法则。（图2）

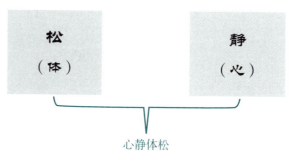

图2　太极拳锻炼的基本法则

（三）太极拳锻炼的核心要素

太极拳锻炼的核心要素，即形、气、意三要素，也就是通常所说的在太极拳锻炼过程中要学会"练形""运气""用意"。首先，"形"是指在太极拳练习过程中所采取的符合拳理要求的、正确的太极拳动作姿势。因此，"形"的规格正确与否，直接影响着太极拳的锻炼效果。其次，"气"是指太极拳的锻炼强调呼吸的配合，要求"气沉丹田""贵慢柔而养气"等，慢柔形于外，养气蕴于内，达到强身健体的目的。最后，"意"是指太极拳的锻炼要求做到"以意导气、以气运身""用意不用力"等，它强调练习者要全神贯注地用意识来引导每一个动作，完成太极拳的练习。（图3）

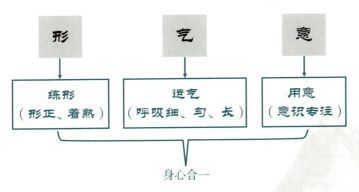

图3　太极拳锻炼的核心要素

（四）太极拳锻炼的科学步骤

太极拳虽然是一种绵缓的武术健身运动，但是在太极拳的锻炼过程中也要强调科学性。锻炼前，练习者要做好充分的准备活动，可以通过基本的伸展练习和热身运动，使身体微微发热，然后再开始进行太极拳锻炼，这样会收到更好的健身效果。锻炼中，练习者要控制运动的量和强度，使心肺功能在安全的前提下得到充分的锻炼。锻炼后，练习者要做好放松整理活动。通过放松调整呼吸，以及运用抖动、按摩、抻拉等各种物理手段做好整理运动（尤其是膝关节的放松整理），使身心逐渐地回归平静，而这一环节在现实中很容易被忽视。（图4）

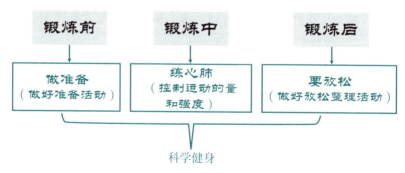

图4　太极拳锻炼的科学步骤

（五）太极拳锻炼时避免发生运动损伤

练习太极拳时由于下肢的运动负荷较大，可以有效地增强下肢的力量。需注意的是，不科学的锻炼方式，很容易造成下肢的运动性损伤。目前，一些参加太极拳锻炼的老年人出现了膝关节疼痛的现象，造成这一现象的主要原因有错误的技术动作、盲目地追求低拳架、缺乏必要的放松练习等，尤其是在练拳过程中过度追求低拳架，给膝关节带来了巨大的压力。人体膝关节弯曲的程度与其承受的压力状况见图5。

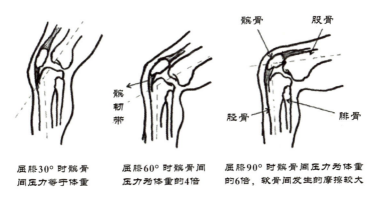

屈膝30°时髌骨间压力等于体重　　屈膝60°时髌骨间压力为体重的4倍　　屈膝90°时髌骨间压力为体重的6倍，软骨间发生的摩擦较大

图5　人体膝关节弯曲的程度与其承受的压力状况[1]

练拳的架势越低，膝关节所承受的压力就越大，长期反复对膝关节进行刺激，很容易造成膝关节的劳损和运动性损伤，这不是我们所提倡的。那么，如何解决太极拳练习时膝关节疼痛的问题呢？一方面，练习者要注意拳架的高度和膝关节的紧张度，不要盲目地追求过低的拳架（拳架越低越好是一种认识误区，应予以警惕）；同时在练习的过程中膝关节要始终保持一定的紧张度，起到保护固

[1] 杨洸. 一本书读懂膝关节病 [M]. 郑州：中原农民出版社，2016：26.

定膝关节的作用，避免受伤。另一方面，练习者在锻炼前后需做好准备活动和放松整理活动，尤其是放松整理活动。这对于消除下肢的运动疲劳很有好处，可以避免因长期的太极拳锻炼而造成的膝关节劳损。

总之，"自然""和谐""健康"是太极拳所崇尚的健身理念。我们坚信，随着太极拳运动的普及和发展，广大太极拳爱好者会理解太极拳丰富的文化内涵。即：

太极拳是一种方法——攻守兼备，

太极拳是一种运动——形意合修，

太极拳是一种思想——阴阳统一，

太极拳是一种文化——和谐平衡，

太极拳是一种精神——和合与共。

二、太极拳的健康价值

太极拳是完善自身、追求自然理想的一种健身手段。它的动作舒展绵缓，要求练习者心静体松，把身体运动、呼吸及意念的调整有机地结合起来，从而对人体的生理、心理机能的保持，某些慢性疾病的防治，以及防衰抗老都有显著的效果。因此，太极拳运动不仅是一项肢体的运动，而且是一种身心平衡、协调发展的健身文化。

（一）太极拳对人体骨骼肌肉的影响

骨骼是人体的骨性架构体系，骨骼的健康主要是指骨组织组成与结构的完整，以及其自身生理功能的良好适应状态。太极拳运动要求"虚灵顶劲""节节贯穿""以心行气，务令沉着，乃能收敛入骨"。通过"骨骼—肌肉"的协调做功，可以有效地增加骨密度。长期规律性的太极拳锻炼，通过不断地做螺旋式弧形动作，能使骨骼、关节周围的肌肉和韧带得到全面的锻炼。尤其是太极拳运动要求以髋关节为轴，腰椎能够受到多方位、足够的运动负荷，促使太极拳练习者的腰椎骨密度明显高于非练习者，骨折风险明显低于非练习者。另外，太极拳运动可以使骨骼肌对骨骼附着点的机械和应力刺激增强，使骨骼对这种应力产生特异性适应，进而提高了骨密度，改善了骨健康水平。

（二）太极拳对神经系统的影响

太极拳运动不仅要求心静体松、身心合一，而且要求在练习过程中"以意导动、以意运气、以气运身""用意不用力"等，使练习者精神贯注、不存杂念。这种意识与身体锻炼相结合的方法，可以使神经系统受自我意念控制的能力得到提高。练习者随着练拳熟练程度的不断提高，肌肉收缩和舒张的交替，转换能力随之增强，神经系统活动过程的均衡性和灵活性也得到加强。中国科学院的研究人员将年龄在45~60岁的30人（男14人、女16人）分为两组：长期练拳组（练拳在5年以上）与初学者组（练拳3个月）。其对这两组进行太极拳练习前后的脑电测试，并得出结论：长期坚持太极拳锻炼的人，在练拳后可以使大脑进入以 α 波为主导的同步化有序状态，使波功率增加几倍，即大脑活动进入一种高度宁静的觉醒状态。这种人脑的生理状态和受试者的自我感觉是一致的。

（三）太极拳对血液循环系统的影响

太极拳是一种松静自然的整体运动，是一种内外结合的平衡运动。尤其是太极拳螺旋式的缠丝运动，其动作呈弧线，连贯而圆活，非常符合中医经络学说原理。太极拳要求"虚灵顶劲""虚胸实腹"，以及以腰脊为轴心，以微微转动来带动四肢进行螺旋缠丝运动，这样可以有效地促进血液循环，对心脏、血管等都具有良好的作用。另外，太极拳锻炼时要求"实腹"和丹田的鼓荡，以及下肢交替支撑重心进行"虚实分明"的运动，促进了血液循环和内环境的物质交换，保证了内环境的理化因素恒定。此外，太极拳的动作缓慢，便于控制总的运动量，不会对心脏造成损害性负担，这样练拳积累的时间越长，对心脏机能状况就能起到越明显的改善作用。

（四）太极拳对呼吸系统的影响

太极拳运动有其独特的呼吸方法，强调有意识地配合动作及全身状态调整呼吸形式、呼吸深度及呼吸频率，要求呼吸"细、匀、长、深、缓"。练习者练拳时，在大脑呼吸中枢的调控下，肌肉活动与呼吸周期性进行"开吸合呼""起吸落呼""收力时吸气，发力时呼气"等的配合，尤其注重深慢的腹式呼吸，使胸廓可随膈肌升降出现明显的扩大与回缩；随着胸膜腔内压发生大幅度的变化，牵拉肺组织，增加了肺泡扩张与回缩的力度，使肺内压也随之发生较大幅度的变化，肺泡通气量增加。一般情况下，太极拳练习通常采用腹式呼吸与胸式呼吸相结合、自然呼吸与拳式呼吸相结合的方式。因此，经常练习太极拳可降低通气阻力，增加肺泡通气量，改善肺通气功能。

（五）太极拳对消化系统的影响

练习太极拳对人体的消化和吸收功能具有良好的作用。太极拳运动强调"虚胸实腹""气宜鼓荡"。这些技法的要求能够加强胃肠道蠕动，促进消化液的分泌，增强胃肠的消化和吸收功能，同时也可以使腹腔的血液供应充足，使腹腔静脉血液迅速回流心脏。由于腹腔血液循环畅通，平滑肌得到充足的营养和氧气，因此很容易促使消化器官功能得到增强。另外，练习太极拳时要求运用腹式呼吸，使横膈上下起落运动，从而对胃、肝、肠、胰等起到良好的按摩作用，促进肝内血液循环，使消化腺大量分泌消化液，这样可使食物得到比较完全的消化，最后分解为人体可以吸收的营养物质，如葡萄糖、氨基酸等，从而改善了体内物质代谢。因此，长期坚持太极拳锻炼，可以增进食欲，减少便秘。

（六）太极拳对内分泌系统的影响

内分泌系统是使机体在复杂环境中保持体内环境稳定的重要系统，人体之所以产生各种疾病，往往与人的免疫力下降、内分泌系统失调有关。太极拳运动能够有效地提高副交感神经的兴奋性，促进内分泌活动，增强人体免疫力，延缓衰老。许胜文等人对51名老年太极拳练习者进行了下丘脑—垂体—性腺轴神经内分泌功能的研究，并与17名老年人组成的对照组进行了比较研究。研究发现，安静状态下练拳组老年人血清促卵泡激素（follicle stimulating hormone，FSH）浓度为$16.54 \pm 15.16 \, \text{mIU/mL}$，显著高于对照组老年人（$11.05 \pm 6.08 \, \text{mIU/mL}$）（$P < 0.05$）。促黄体素（luteinizing hormone，LH）呈练拳组老年人高于对照组老年人的趋势。FSH和LH为垂体激素，与性激素的分泌活动息息相关。如果FSH和LH升高，则可促进性腺分泌激素，如雌激素、孕激素，这对人体抗衰老具有十分重要的意义。

（七）太极拳对能量消耗的影响

美国运动医学学会认为，对健康的成年人来讲，要使心血管系统得到锻炼，达到增强体质的目的，锻炼时的强度最低应为本人最大摄氧量的50%，心率应达到每分钟130～135次。按此标准来衡量，进行太极拳锻炼时的强度是合适的。太极拳运动既能达到锻炼身体的目的，又能满足练习者锻炼身体的要求。

（八）太极拳与人体经络的关系

拳谚曰："凡经络皆有益于拳。"经络学说是我国医学理论体系的重要组成部分。有效刺激经络具有运行气血、濡养周身、抗御外邪、保卫机体的作用。因此，武术界和养生界都十分重视这一理论。太极拳中"丹田鼓荡""意气配合""螺旋缠丝""劲贯四梢"等整体运动，使丹田之气受鼓荡，推动奇经中的任、督、冲、带四脉，进而调节人体十二正经的气血，使人体内部增蓄精气、疏通经络、扶正祛邪，最终达到"阴平阳秘，精神乃治""祛病健身，抗老益寿"的功效。

三、太极拳的锻炼方法

（一）合理安排锻炼步骤

为了能使大家更好地掌握太极拳科学的锻炼方法，提高太极拳锻炼的质量，我们将太极拳练习过程划分为三个阶段，即准备阶段、练习阶段和放松阶段。下面将分别向大家介绍每一个阶段应注意的核心问题。

1. 准备阶段——运动前做伸展

虽然太极拳运动是一项舒缓的、强度不大的运动，但是在运动开始时，要像从事其他体育运动一样做热身运动，也就是人们通常所说的准备活动。然而，许多太极拳练习者对此缺乏认识，往往忽视了此部分内容，导致练习一套太极拳后，下肢肌肉出现不同程度的紧张和酸痛。长期采取不科学的锻炼方式会造成关节、肌肉等的运动性损伤。一般来说，进行太极拳练习的准备活动主要有两个目的：一是活动各关节与肌肉，提高其温度，增加其弹性，以适应将要进行的运动；二是逐渐提高心率，让心血管系统做好充分的准备，以便安全地进行太极拳锻炼。准备活动的时间一般为5～10分钟，准备活动的内容通常是采用一些全身性的柔韧练习。

2. 练习阶段——运动中练心肺

进行适度的有氧运动可以增强体质，提高人体健康水平。众所周知，人体的各器官系统，只有在一定的运动强度刺激下，功能才能得到改善。如果运动负荷过小，则不足以引起人体机能积极的适应性改变；如果运动负荷过大，则会导致机体产生劣变性反应，且对中老年人心血管系统造成不良的影响，不但收不到良好的锻炼效果，还会起到相反的作用。集导引、吐纳、武术于一体的太极拳运动，其动作柔和、徐缓，运动时间相对较长，运动强度相对较低，是中老年人较为理想的健身运动方式。从医学的角度来讲："有氧代谢运动的核心概念是平衡。平衡是健康之本。这包括机体动与静的平衡、心理上紧张与松弛的平衡，以及新陈代谢的平衡。"[1]因此，我们认为，太极拳运动对练习者的机体具有良好的促进作用。

3. 放松阶段——运动后要放松

经过太极拳锻炼，练习者的身体会产生一些反应，如身体发热、血流量增加，生理机能处于良好的状态，甚至会产生疲劳感，这些反应都是正常的。但是，如果练习者练习太极拳后，没有进行放松整理活动，则会对身体产生不利的影响。因此，在太极拳练习后，一定要进行放松整理活动，这是太极拳锻炼过程中必不可少的一部分，其中对下肢肌肉和膝关节的放松整理活动尤为重要。通常情况下，在太极拳锻炼结束之后，练习者可以通过缓慢的散步、甩手、踢腿，有意识地放松身体，按摩下肢肌肉和膝关节，促使身体各部位生理活动渐趋缓和，以便使身心逐渐恢复到正常状态。如果是集体练习，练习者可以一边放松，一边与拳友沟通思想，交流练拳体会，这对于提高太极拳的练习质量会有很好的效果。

（二）科学安排运动强度

虽然太极拳运动属于中等强度的有氧运动，但是，由于人们在练习过程中采取不同流派的拳式和不同高度的拳架，因此其运动强度也是不同的，这也恰恰给练习者提供了更多的锻炼选择，使其有效地来控制运动强度。那么，练习者如何控制好自己的心率，掌握好运动强度呢？这里向大家介绍一种控制心率的有效方法。

第一步，要学会自己把脉，并记住安静时的脉搏数。例如，可以在颈部、腕部或是直接在胸部摸到自己的心跳，然后计时15秒，数一下脉搏跳动的次数，再乘以4，这样就可以了解自己在安静时的心率了。

---

[1] 胡大一. 有氧代谢运动[M]. 北京：气象出版社，1995：4.

第二步，按年龄计算出最大心率。计算公式是：

$$最大心率＝220－年龄$$

（以50岁的练习者为例，其最大心率为220－50＝170次/分）

第三步，确定运动时的有效心率范围。对于普通太极拳练习者来讲，最大心率的60%~85%是有效心率范围。仍以50岁的练习者为例，最大心率的60%~85%约为102~145次/分。这就是说，在太极拳练习中，如果心率低于102次/分，则达不到锻炼的效果，如果心率高于145次/分，则说明锻炼的强度太大，这对于练习者来说不安全。因此，运动时心率控制在102~145次/分是较适宜的。

一、孙式太极拳的简介

孙式太极拳，河北人孙禄堂（1861—1932年）创。孙禄堂（名福全，字禄堂）最初师从李魁元、郭云深学习形意拳，后又师从程廷华学习八卦掌，皆得真髓。民国初年师从郝为真习得武式太极拳后，遂以武式太极拳为基础，用数十年练习体悟之经验和深修研悟之心得，将形意拳、八卦掌、太极拳三种拳术融会贯通，创孙式太极拳，完成"三拳合一"的武学思想理论与技术修为体系的建立。

孙式太极拳（七十三式）是国家为统一、规范、推广、发展太极拳运动的需要，于1989年由中国武术研究院组织专家学者，以传统孙式太极拳（九十七式）为蓝本，在保留传统性、符合科学性、利于竞赛性的创编原则上共同研究创编而成。该套路内容充实，动作规范，编排合理，结构严谨，不仅成为国内武术正式比赛项目，而且在国外也得到发展，在世界范围内广为流传，非常适合武术爱好者健身锻炼和比赛推广使用，受到众多太极拳爱好者的欢迎。

二、孙式太极拳的特点

孙禄堂在武式太极拳的基础上，融合了形意拳"迈步必跟，退步必撤"的步法特点和八卦掌"拧裹钻翻"的身法特点，将三种拳术精华融会贯通，创编出"极尽柔顺中和、灵活巧变、整实猛烈之至"的孙式太极拳。孙式太极拳的动作特点为：架高步活，紧凑连贯；进步必跟，退步必随；身形转换，开合相接。其动作风格为：小巧轻灵，敏捷自然；柔中寓刚，行云流水；虚实分明，变化多端。因步法进退相随且身法转换多开合衔接，故孙式太极拳又被称为"开合活步太极拳"。

三、孙式太极拳（七十三式）动作名称

孙式太极拳（七十三式）动作名称见表1。

表1　孙式太极拳（七十三式）动作名称

	（一）起势	（二）揽扎衣
	（三）开手	（四）合手
	（五）单鞭	（六）提手上势
	（七）白鹤亮翅	（八）开手
	（九）合手	（十）左搂膝拗步
第一段	（十一）手挥琵琶	（十二）进步搬拦捶
	（十三）如封似闭	（十四）抱虎推山
	（十五）开手	（十六）合手
	（十七）右搂膝拗步	（十八）揽扎衣
	（十九）开手	（二十）合手
	（二十一）左单鞭	（二十二）肘底看捶

第二段	（二十三）左倒卷肱	（二十四）右倒卷肱
	（二十五）左搂膝拗步	（二十六）左揽扎衣
	（二十七）开手	（二十八）合手
	（二十九）右单鞭	（三十）右云手
	（三十一）高探马	（三十二）左分脚
第三段	（三十三）右分脚	（三十四）践步打捶
	（三十五）翻身二起脚	（三十六）披身伏虎
	（三十七）左分脚	（三十八）转身右蹬脚
	（三十九）进步搬拦捶	（四十）如封似闭
	（四十一）抱虎推山	
第四段	（四十二）开手	（四十三）合手
	（四十四）左搂膝拗步	（四十五）揽扎衣
	（四十六）开手	（四十七）合手
	（四十八）斜单鞭	（四十九）野马分鬃
	（五十）揽扎衣	（五十一）开手
	（五十二）合手	（五十三）左单鞭
第五段	（五十四）左云手	（五十五）云手下势
	（五十六）金鸡独立	（五十七）闪通背

	（五十八）玉女穿梭	（五十九）高探马
	（六十）十字拍脚	（六十一）上步指裆捶
	（六十二）活步揽扎衣	（六十三）开手
第六段	（六十四）合手	（六十五）左单鞭
	（六十六）单鞭下势	（六十七）上步七星
	（六十八）退步跨虎	（六十九）转身摆莲
	（七十）弯弓射虎	（七十一）双撞捶
	（七十二）阴阳合一	（七十三）收势

四、孙式太极拳（七十三式）动作说明

（一）起势

☯ **动作过程**

（1）身体直立，两臂下垂，两手轻贴大腿外侧，两肩放松；两脚跟内侧相触，两脚尖外展约成90°角；眼向前平视。（图6）

（2）右脚尖翘起，以脚跟为轴向左转45°，同时，身体微左转，脚向左前方；眼平视。（图7）

图6　　　　　　　　　　图7

身体直立，心静体松，舌抵上腭，神气内敛。
虚实分明，开合转换，蓄势待发，协调自然。

意气配合

排除杂念，思想集中，精神贯注，意守丹田，
目视前方，呼吸自然。

（二）揽扎衣

动作过程

（1）手臂向前上方慢慢举起，高与肩平，两手掌心相对，微内含，比肩稍宽，指尖向前，如抱球状；眼看两手中间。（图8）

（2）两手下落至腹前；同时两腿慢慢屈膝下蹲，左脚跟随之慢慢抬起，身体重心偏于右腿。（图9）

图8　　　图9

图10

图11

（3）左脚向前上步，脚跟着地；同时，两手向上画弧抬至胸前（图10）。两手慢慢向前伸出，仍如抱球状，两臂微屈；右脚随之向前跟步至左踝内侧，相距约10厘米，脚尖着地；眼看两手中间。（图11）

（4）右脚跟落地，身体重心偏向右腿，以左脚跟为轴，脚尖向右转约45°，同时身体右转；随之两手臂平行右摆（图12）。身体重心移向左腿，右脚外摆约90°，同时身体继续右转；随转体，两手摆至右前方时，右手外旋，掌心向上；左手内旋，掌心向下，置于右手腕上；眼看右手。（图13）

图 12

图 13

图 14

图 15

（5）右脚向右上一步，脚跟着地，脚尖翘起；同时，右手向右、向后画半圆，前臂内旋屈肘，手绕转至右肩前，掌心由斜向上转向前，左手仍扶右手腕；眼看右手。（图14）

（6）右脚尖落地，身体重心移向右腿并屈膝，左脚随即跟至右脚后，两脚相距约10厘米，左脚尖着地；同时，左手扶着右手腕一起向右前方推出，两臂微屈；眼看右手。（图15）

两臂抬起，双肩松沉，下按前推，身体重心前跟。脚跟为轴，手臂平行右摆，右手外旋，掌心向上，左手内旋，掌心向下。右手画半圆时，注意掌心由斜上向正前的变化；向前推出时，身体重心要随之移动，后腿跟步，脚尖着地。动作一气呵成，不可断绝。

意气配合

此式呼吸3次。手臂向上抬起时，意识向下，形成对撑，同时吸气。掌心相对时，意识外撑，两臂下落时呼气，抬至胸前时，吸气；两手伸出时，呼气。脚步拧转、右手外旋时，吸气；两手前推时，呼气。身体转动时，重心应随之转动，脚步随手的变化而变化。

（三）开手

⚫ 动作过程

左脚跟落地，右脚以脚跟为轴，向左扣转约 90°，身体随之向左转，重心偏于左腿；同时，两手掌心相对，指尖向上，向左、右分开（两手如抱气球，随着球中之气膨胀而向外展开），两手虎口与两肩相对。（图16）

图 16

学练要点

以右脚跟为轴扣转，身体重心随之向左移动。两手打开时掌心相对，虎口朝向两肩，与之相对。

意气配合

此式为一吸。开手时，吸气。两掌分开时，掌心有向内之力的牵引感。

（四）合手

动作过程

两腿屈膝，右脚着地踏实，身体重心移向右腿，左脚跟抬起，脚尖着地；同时，两手掌心相对慢慢里合，合至与脸同宽；眼看两手中间。（图17）

图 17

学练要点

合手动作，由开手两掌之间与肩同宽的距离，合至与脸同宽。身体重心移至右腿。左脚尖着地，全身放松，目视两手中间。

意气配合

此式为一呼。合手时，呼气；两掌对合时，掌心有向外之力的顶撑感。

（五）单鞭

☯ **动作过程**

　　左脚向左横跨一步，屈膝，右腿微屈，身体重心移向左腿；同时，两手内旋，向左、右慢慢平分开，两臂微屈，两掌心向外，立掌，高与肩平；眼看右手。（图18）

图 18

✿ **学练要点**

　　左腿横跨屈膝，身体重心在左腿。两手内旋向左、右缓慢分开，眼看右手。上体正直，手臂放松，呼吸自然。

✿ **意气配合**

　　呼吸均匀，配合出腿分掌的动作，两腿有外撑之感。两掌分开时有向内的牵拉之感。

（六）提手上势

图 19

动作过程

身体重心在左腿，右脚收至左脚内侧，脚尖着地，与左脚尖齐平，两腿微屈；同时，左手经面前画弧至额前，掌心向前，右手向下、向左画弧至小腹前，手指向下，掌心向右；眼看前方。（图 19）

学练要点

左手画弧至额前，掌心朝前。右手画弧至小腹前，掌心朝右。身体保持正直。

意气配合

右脚收至左脚内侧时，主动向内吸气，同时两手分别向不同方向画弧。

（七）白鹤亮翅

☯ **动作过程**

（1）右脚往前上步，步幅以不牵动身体重心为合适，脚跟着地；同时，左手向下移至腹侧，肘靠着肋，掌心向下，右手从腹前向上提至右额上方，手背靠近额头。（图20）

（2）右脚尖慢慢着地，身体重心前移至右腿，左脚跟步至右脚内侧，脚尖着地；同时，左手上提至左肩前，右手向下经脸的右侧至右胸前，肘尖下垂，掌心向前，高与左手相齐，两手向前推出；眼看两手中间。（图21、图22）

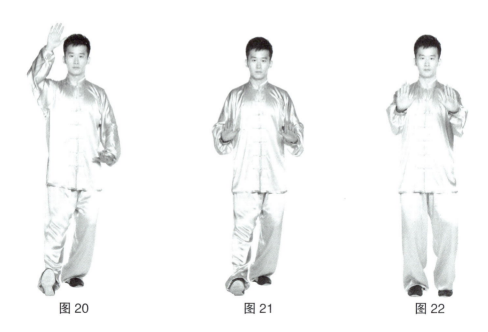

图20　　　　　　　　图21　　　　　　　　图22

右手下落至右胸前，两手臂微屈，平齐推出，与跟步协调一致，同时身体重心由左脚移至右脚。上步时，保持身体重心平稳。

意气配合

此式为一吸一呼。收手时，吸气；推出时，呼气。上步步幅不宜过大，身体重心随呼吸平稳过渡。

（八）开手

动作过程

左脚跟落地，身体重心偏于左腿；同时，两手掌心相对，指尖向上，向左、右分开（两手如抱气球，随着球中之气膨胀而向外展开），两手虎口与两肩相对。（图23）

图 23

学练要点

以右脚跟为轴拧转，身体重心随之向左移动。两手打开，掌心相对，虎口朝向两肩，与之相对。

意气配合

此式为一吸。开手时，吸气；两掌分开时，掌心有向内之力的牵引感。

（九）合手

动作过程

两腿屈膝，右脚着地踏实，身体重心移向右腿，左脚跟抬起，脚尖着地；同时，两手掌心相对慢慢里合，合至与脸同宽；眼看两手中间。（图24）

图 24

学练要点

合手动作，由开手两掌之间与肩同宽的距离，合至与脸同宽。身体重心移至右腿，左脚尖着地，全身放松。目视两手中间。

意气配合

此式为一呼。合手时，呼气；两掌对合时，掌心有向外之力的顶撑感。

（十）左搂膝拗步

动作过程

（1）左脚向左前方迈步，脚跟着地，身体微左转；同时，左手向下、向左搂至左胯旁约 10 厘米处，掌心向下，指尖向右；右手向外、向下、向右、向上画弧上举至与肩同高，掌心向上；眼看右手。（图 25）

（2）身体继续左转；随转体，右手向前平推，臂微屈，坐腕立掌，掌心向前，左手继续搂至左胯外侧，指尖向前，掌心向下；同时，右脚跟步至左脚内侧，脚尖着地，重心移至左腿；眼看右手。（图 26）

图 25

图 26

左手搂至左胯旁，左脚同时迈步到位，上下相随，协调一致。右手前推与右脚的跟步动作要协调一致。

意气配合

此式为一吸一呼。出左脚搂左手时，转身吸气；推右掌跟右步时，前跟呼气。手搂推时要有攻防之意，出手迈步要协调配合，出步、跟步要轻灵。

（十一）手挥琵琶

☯ **动作过程**

右脚向后撤步，脚尖先落地，随即全脚掌落实，左脚后撤至右脚前，脚尖着地；同时，两手五指伸直，虎口向上，左手向上、向前伸至与胸同高，右手后收至左前臂内侧，两臂微屈；眼看前方。（图27）

图 27

❀ **学练要点**

上下肢配合要协调，步法要表现出孙式太极拳步法的特点。右脚撤步，左脚随之后撤至右脚前，目视前方。身体保持正直，两手臂要沉肩坠肘。

❀ **意气配合**

此式为一吸一呼。后撤步时，吸气；右脚落实后，呼气。呼气时，两臂前伸后内合微屈，与身体的整体姿态协调配合。

孙式太极拳

（十二）进步搬拦捶

🌓 动作过程

（1）左脚向前迈出，脚尖稍外展，上体微左转；随之左手内旋，向下、向左搂至胸前，掌心向下；右手外旋，经左手下向前上伸出，掌心向上。（图28）

（2）右脚向前上步，脚尖稍外摆，上体微右转；随之右手内旋搂回胸前，掌心向下，左手外旋，经右手下向前伸出，掌心向上。（图29）

图28

图29

图30

图31

（3）左脚向前上一步，右脚跟步至左脚踝内侧，脚尖着地，身体重心左移；同时，右手外旋变拳，经左手腕上向前打出，拳与胸平，拳眼向上；左臂内旋，屈肘，握拳，置于右肘下，拳心向下；眼看右拳。（图30、图31）

上步时脚尖外展，身体随之转动，两拳心交替上下。右手向前打出时，左臂屈肘置于右肘下；眼看右拳。

意气配合

此式为一吸一呼。呼吸配合两脚交替上步，左手握拳时吸气，右拳打出时呼气。整个运动过程中要保持呼吸的自然绵长。

（十三）如封似闭

☯ **动作过程**

　　右拳向后收回，左拳从右臂下稍向前伸，至两拳平齐时变掌，掌心均向前；右脚在右拳收回时向后撤步；随即两手与左脚同时回撤，左脚收至右脚前，脚尖点地，两手收至胸前；眼看前方。（图32）

图 32

🌀 **学练要点**

　　右拳回收，右脚撤步。左脚收至右脚前，脚尖点地，两手收至胸前。

🌀 **意气配合**

　　此式为一吸。撤步回收时，吸气；目视前方。

（十四）抱虎推山

图33

动作过程

左脚向前上步，右脚跟步，距左脚约10厘米，脚尖着地；同时，两手向前推出，高与肩平，两臂微屈；眼看两手中间。（图33）

学练要点

两手齐向前推，左脚上步，右脚跟步，双眼平视两手中间。

意气配合

此式为一呼。两手向前推出时，呼气。

孙式太极拳

42

（十五）开手

☯ **动作过程**

　　右脚跟落地，全脚掌踏实，身体重心移向右腿，左脚尖翘起向右扣转，随即身体右转约90°；两手平向左、右分开，掌心相对，指尖向上，开至两手虎口与肩相对，五指张开。（图34）

图34

学练要点

　　以左脚跟为轴扣转，身体重心随之向左移动。两手打开，掌心相对，虎口朝向两肩，与之相对。

意气配合

　　此式为一吸。开手时，吸气；两掌分开时，掌心有向内之力的牵引感。

（十六）合手

图 35

☯ 动作过程

两腿屈膝，右脚着地踏实，身体重心移向右腿，左脚跟抬起，脚尖着地；同时，两手掌心相对慢慢里合，合至与脸同宽；眼看两手中间。（图35）

❀ 学练要点

合手动作，由开手时两掌之间与肩同宽的距离，合到与脸同宽的距离。身体重心移至右腿，左脚尖着地，全身放松，目视两手中间。

❀ 意气配合

此式为一呼。合手时，呼气；两掌对合时，掌心有向外之力的顶撑感。

（十七）右搂膝拗步

（1）右脚向右迈步，脚跟着地，身体微右转；同时，右手向下、向右搂至右胯旁约10厘米处，掌心向下，指尖向左；左手向下、向左、向上画弧至上举与肩同高，掌心向上；眼看左手。（图36）

图 36

（2）身体继续右转；随转体，左手向前平推，臂微屈，塌腕立掌，掌心向前，右手继续搂至右胯外侧；同时，左脚跟步至右脚内侧，脚尖着地，重心移至右腿；眼看左手。（图37）

图 37

🌿 学练要点

右手搂手时，先向下，再向右，搂至右胯旁；左手外旋时，向下、向左画弧。右脚向右前方迈步，左脚跟步至右脚内侧。

🌿 意气配合

此式为一吸一呼。开手出右脚时，吸气；上左步推左掌时，呼气。

（十八）揽扎衣

🌀 **动作过程**

（1）左脚后撤，前脚掌先着地，逐渐全脚掌踏实；同时，左手外旋稍回收，掌心向上，右手向左手上方伸出，掌心向下，两手成抱球状。（图38）

身体重心慢慢移向左腿，随即右脚撤至左脚前，脚尖着地；同时，两手向下捋至小腹前，掌心斜相对。（图39）

图 38

图 39

图 40

（2）右脚向前上步，左脚随即跟步至右踝内侧，脚尖着地；同时，右手外旋，左手内旋，举至胸前，左手置于右手腕上，两手向前伸出，右手掌心向上，左手掌心向下。（图40）

（3）随即左脚后撤，脚尖外展，身体重心移向左腿，右脚尖翘起；同时，两手向右、向后画半圆至右肩前，掌心向上。（图41）

（4）右脚尖逐渐着地，身体重心移向右腿，左脚随即跟步至右脚后约10厘米处，脚尖外展着地；同时两手向前推出，两臂微屈；眼看右手。（图42）

图 41

图 42

学练要点

两臂抬起，双肩松沉，下按前推，身体重心前移。以脚跟为轴，手臂平行右摆，右手外旋，掌心向上，左手内旋，掌心向下。右手画半圆时，注意掌心由斜上向正前的变化；向前推出时，身体重心要随之移动，后腿跟步，脚尖着地。动作一气呵成，不可断绝。

意气配合

此式为一吸一呼。手臂向上抬起时，意识要向下，形成对撑，同时吸气。掌心相对时，意识外撑，两臂下落时，呼气。身体转动时，重心应随之转动，脚步随手的变化而变化。

（十九）开手

图 43

⚫ **动作过程**

　　左脚跟着地，右脚以脚跟为轴，向左扣转约90°，身体随之向左转，重心偏于左腿；同时，两掌心相对，指尖向上，向左、右分开（两手如抱气球，随着球中之气向外膨胀而展开），两手虎口与两肩相对。（图43）

🌿 **学练要点**

　　以右脚跟为轴扣转，身体重心随之向左移动。两手打开，掌心相对，虎口朝向两肩，与之相对。

🌿 **意气配合**

　　此式为一吸。开手时，吸气；两掌分开时，掌心有向内之力的牵引感。

（二十）合手

动作过程

两腿屈膝，右脚着地踏实，身体重心移向右腿，左脚跟抬起，脚尖着地；同时，两手掌心相对，慢慢里合至与脸同宽；眼看两手中间。（图44）

图 44

学练要点

身体重心移至右腿，左脚尖着地；合手动作，由开手两掌之间与肩同宽的距离，合到与脸同宽的距离。全身放松，目视两手中间。

意气配合

此式为一呼。合手时，呼气；两掌对合时，掌心有向外之力的顶撑感。

（二十一）左单鞭

⚫ 动作过程

　　左脚向左横跨一步，屈膝，右腿微蹬，身体重心移向左腿；同时，两手内旋，平向左、右慢慢分开，两臂微屈，两手立掌，掌心向外，高与眼平；眼看右手。（图45）

图 45

✿ 学练要点

　　左腿横跨屈膝，右腿蹬地微伸，两手左、右缓慢分开，掌心向外，重心在左腿，眼看右手。

✿ 意气配合

　　此式为一吸一呼。单鞭分掌时，吸气；开立定式后，呼气。需注意屈腿落定时，气息要下沉。

（二十二）肘底看捶

动作过程

左脚外展，身体左转90°，重心在左腿，右脚跟至左脚后，脚尖着地；同时，左手稍向下移，拇指向上，右手变拳，屈臂向下、向左经腹前伸至左肘下，拳眼向上。（图46）

随即右脚后撤踏实，身体重心移向右腿，左脚撤至右脚前，脚尖点地；两手不动；眼看前方。（图47）

图46   图47

学练要点

左脚外展，右脚前跟；右手由掌变拳，屈臂由下向上至左肘处。右脚落实，身体重心后移，左脚后撤，两手不动。

意气配合

此式为两吸两呼。前后移动过程和呼吸要紧密配合，左脚外展时，吸气；向前跟步时，呼气；右脚跟步时，吸气；右脚落实、左脚后撤时，呼气。整个过程吸呼匀细缓慢，不要随身体重心移动加重呼吸。

技术篇

（二十三）左倒卷肱

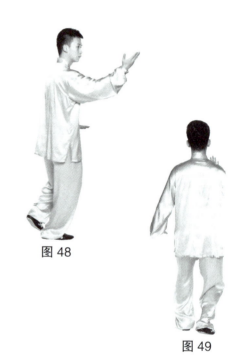

动作过程

（1）右脚尖里扣，左脚撤至右脚踝内侧，脚尖点地；同时，左手内旋，经胸前向左画弧搂至左胯外侧，掌心向下，指尖向前；右手外旋，向下、向右上举至与胸平，掌心向上；眼看右手。（图48）

（2）左脚向左后方迈步，随即右脚跟步至左脚后，相距约10厘米，脚尖点地，同时身体左转；随转体，右手经脸右侧向前推出，臂微屈，掌心向前；眼看右手。（图49）

图 48

图 49

学练要点

左脚撤步至右脚踝，左手经胸前向左画弧至左胯外侧，右手向下、向右上举至与胸平。左脚迈步时，右脚跟步至左脚后，右手前推时，目视右手方向，手、脚动作协调连贯。

意气配合

此式为一吸一呼。左脚后撤开手时，吸气；右手屈臂前推、右脚跟步时，呼气。

孙式太极拳

（二十四）右倒卷肱

🌓 **动作过程**

（1）左脚内扣，身体右转；右手内旋，向下、向右搂至右胯旁，掌心向下，左手外旋，向上举至与肩平，掌心向上；眼看左手。（图50）

（2）右脚向右迈步，左脚跟步至右脚踝内侧，脚尖点地，身体继续右转；同时，左手经脸左侧向前推出，掌心向前；眼看左手。（图51）

图 50

图 51

学练要点

身体右转时，需扣左脚。右手运行路线是向下、向右至右胯旁；左手运行路线是从下向上举到与肩平齐，屈臂经耳侧向前推出，目视左手方向。

意气配合

此式为一吸一呼。右脚收步、左臂打开时，吸气；左脚跟步、左掌前推时，呼气。

（二十五）左搂膝拗步

☯ **动作过程**

（1）左脚向左迈步，脚跟着地，身体微左转；同时，左手向下、向左搂至左胯旁，右手外旋上举至与肩同高，掌心向上；眼看右手。（图52）

（2）身体继续左转；随转体，右手经脸右侧向前平推，臂微屈，塌腕立掌，掌心向前，左手继续搂至左胯外侧，掌心向下，指尖向前；同时，右脚跟步至左脚踝内侧，脚尖着地，重心移向左腿；眼看右手指尖。（图53）

图 52

图 53

✿ **学练要点**

左脚向左迈步时，脚跟着地。左手运行路线是向下、向左至左胯旁；右手运行路线是由下向上、向前推出。目视右手指尖前方。

✿ **意气配合**

此式为一吸一呼。左脚出步、右掌打开时，吸气；前移屈臂推掌时，呼气。

（二十六）左揽扎衣

🌓 **动作过程**

（1）右脚后撤；同时，右手外旋，稍回收，掌心向上，左手向右手上方伸出，掌心向下，两手成抱球状。身体重心慢慢移向右腿，左脚撤至右脚前，脚尖着地；同时，两手下捋至小腹前，掌心斜相对。（图54、图55）

（2）左脚向前上步，右脚跟至左脚踝内侧，脚尖着地。左手外旋，右手内旋，举至胸前，右手置于左手腕上，两手向前伸出，左手掌心向上，右手掌心向下。（图56）

图54   图55   图56

（3）随即右脚后撤，脚尖外展，身体重心移向右腿，左脚尖翘起；同时，两手向左、向后画半圆至左肩前，掌心向外。（图57）

图 57

图 58

（4）左脚全脚掌着地，身体重心移向左腿，右脚随即跟步至左脚后约10厘米处，脚尖外展着地；同时，两手自左肩前向前推出，两臂微屈，掌心向前；眼看左手。（图58）

🌿 学练要点

两臂抬起时，两肩要松沉；右脚后撤，左脚后跟时，两手掌心相对。左脚上步，右脚后跟，右手置于左手腕处，两手前伸。右脚后撤，左脚尖勾起，两手身前画半圆随身体转动。右脚前跟，身体重心移至左腿，两手向前屈臂推出，目视左手。

🌿 意气配合

此式为两吸两呼。右脚后撤、两手下捋时，吸气；两手前伸时，呼气；右脚后撤、两手随身体半圆转动时，吸气；身体重心前移、右脚跟步、两手前推时，呼气。

（二十七）开手

☯ **动作过程**

　　左脚以脚跟为轴，脚尖内扣约90°着地，脚跟抬起，身体随之右转，重心偏向右腿；同时，两掌心相对，平向左右分开，两手虎口与胸相对，微停。（图59）

图 59

学练要点

　　以左脚跟为轴扣转，身体重心随之向右移动。两手打开，掌心相对，虎口朝向两肩，与之相对。

意气配合

　　此式为一吸。开手时，吸气；两掌分开时，掌心有向内之力的牵引感。

（二十八）合手

动作过程

左脚跟着地，身体重心偏向左腿，右脚跟抬起；两手掌心相对慢慢里合至与脸同宽时，稍停；眼看两手中间。（图60）

图60

学练要点

身体重心移至左腿，右脚尖着地，全身放松，合手动作，由开手两掌之间与肩同宽的距离，合到与脸同宽的距离。目视两手中间。

意气配合

此式为一呼。合手时，呼气；两掌对合时，掌心有向外之力的顶撑感。

孙式
太极拳

（二十九）右单鞭

🔮 **动作过程**

右脚向右横跨一步，屈膝，左腿微屈，身体重心移向右腿；同时，两手内旋，平分向左、右慢慢分开，两臂微屈，两手掌心向外，立掌，高与肩平；眼看左手。（图61）

图61

🌀 学练要点

上体要直，两臂要松，两手左、右缓慢分开，掌心向外，身体重心在右腿上。

🌀 意气配合

此式为一吸一呼。单鞭分掌时，吸气；开立定式后，呼气；开吸合呼后，成定式时气息要下沉。

（三十）右云手

（1）身体重心移向左腿，随之右脚收于左脚内侧，脚尖着地，上体微左转；同时，右手向下、向左画弧至左腹前，掌心斜向下；眼看左手。（图62）

图 62

图 63

（2）右脚向右横跨一步，随即左脚收于右脚内侧，脚尖着地，身体重心偏于右腿，上体微右转；同时，右手向上、向右画弧至身体右前方，手腕高与肩平，手指向上，掌心向右前方；左手向下、向右经腹前向上画弧至右腹前，掌心斜向下；眼看右手。（图63）

（3）身体重心移向左腿，随之右脚收于左脚内侧，脚尖着地，上体微左转；同时，左手向上、向左画弧至身体左前方，手腕高与肩平，手指向上，掌心向左前方；右手向下、向左画弧至左腹前，掌心斜向下；眼看左手。（图64）

图 64

孙式
太极拳

60

（4）右脚向右横跨一步，随即左脚收于右脚内侧，脚尖着地，身体重心偏于右腿，上体微右转；同时，右手向上、向右画弧至身体右前方，手腕高与肩平，手指向上，掌心向右前方；左手向下、向右、向上画弧至右腹前，掌心斜向下；眼看右手。（图65）

图 65

（5）身体重心移向左腿，随之右脚收于左脚内侧，脚尖着地，上体微左转；同时，左手向上、向左画弧至身体左前方，手腕高与肩平，手指向上，掌心向左前方；右手向下、向左画弧至左腹前，掌心斜向下；眼看左手。（图66）

图 66

图 67

（6）右脚向右横跨一步，随即左脚收于右脚内侧，脚尖着地，身体重心偏于右腿，上体微右转；同时，右手向上、向右画弧至身体右前方，手腕高与肩平，手指向上，掌心向右前方；左手向下、向右经腹前向上画弧至右腹前，掌心斜向下；眼看右手。（图67）

技术篇

右脚收至左脚内侧，右手向下、向左画弧至左腹前。右脚出步，左脚收至右脚内侧，右手向上、向右画弧至右前方。左、右手画弧时，掌心朝外，高不过眉，身随手转。

意气配合

此式为三吸三呼。收右腿、右手画弧至腹前时，吸气；两手分掌外摆画弧、移动右步时，呼气；左脚跟步、左手下摆时，吸气；右腿出步、两掌向左侧摆出时，呼气。重复上述动作，继续呼气，直到最后一个动作停止。

（三十一）高探马

（1）左脚尖稍内扣，身体重心偏于左腿；右手稍下落，左手稍上提，两手举于胸部右前方，两臂微屈，左手在右肘内侧，两手拇指均向上。（图68）

（2）右脚向左后方撤步，身体重心移至右腿，左脚跟抬起，脚尖着地，身体右转45°；同时，左手向左前方伸出，掌心向右，右手收至左肘内侧；眼看左手。（图69）

图 68　　　　　图 69

学练要点

左脚尖内扣，身体重心偏于左腿，右手微下落，左手微上提，两手位置在胸部右前方。右脚向左后撤步，身体右转，左脚跟抬起，右手收至左肘内侧，眼看左手。

意气配合

此式为一吸一呼。左脚内扣、右脚后撤步时，吸气；左手前伸、身体重心后坐时，呼气。整个动作一气呵成。

技术篇

63

（三十二）左分脚

🔆 动作过程

（1）左脚跟落地，脚尖内扣，两脚尖斜相对，身体稍向右转，重心偏于右腿；随转体，右手外旋，左手内旋，两掌心上、下相对约10厘米合抱于胸前，两手距胸约6厘米；眼看左手。（图70）

图70

（2）右脚跟稍抬起，微向内转落地，与左脚相靠，左脚跟抬起；同时，两手按逆时针方向转动，指尖向上，塌腕，两手掌心相对合于胸前（与合手姿势相同）。（图71）

图71

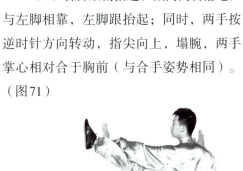

（3）右腿微屈站稳，左腿屈膝提起，左脚向左前上方慢慢踢出，脚面自然展平，腿自然伸直高过髋部；同时，两手如"单鞭"式分开，左手伸向左脚方向；眼看左手。（图72）

图72

孙式太极拳

左脚跟落地，脚尖内扣，两手相对合于胸前，间距10厘米左右。两手逆时针方向转动，掌心相对合于胸前。左脚踢出时脚面展平，两掌分开，左手朝左脚蹬出的方向伸开。

意气配合

此式为两吸两呼。左脚内扣、两掌对合时，吸气；两掌逆时针拧转时，呼气；提膝抬腿时，吸气；左腿蹬伸、两手分掌时，呼气。抬腿蹬伸时，充分展现蓄吸发呼的特点。

（三十三）右分脚

动作过程

（1）左腿屈膝微收，左脚向左前方下落，身体重心移向左腿；两臂慢慢向下沉肘。右脚收至左脚内侧，脚尖着地，上体微左转；同时，两手里合（与合手姿势相同）；眼向右看。（图73、图74）

图73

图74

（2）左腿微屈站稳，右腿屈膝提起，右脚向右前上方慢慢踢出，脚面自然展平；同时，两手如"单鞭"式分开；眼看右手。（图75）

图75

孙式太极拳

66

两臂向下沉肘，右脚收至左脚内侧，两掌对合，目视右前方。右腿朝右前方踢出，脚面展平，目视右手。

意气配合

此式为两吸两呼。左脚落地时，吸气；上步合手时，呼气；右腿抬起时，吸气；右腿蹬出时，呼气。

（三十四）践步打捶

🌀 动作过程

（1）右腿屈膝微收，右脚向前下落，脚跟着地，左腿屈膝；右手随之向前下落至与肩同高，掌心向下，指尖向前，左手收至腹前，掌心向上，指尖向前，左肘靠近肋骨；眼看右手。（图76）

图 76

图 77

（2）右脚尖外展，身体重心前移，上体微右转；左手经右手下向前穿出，右手收至左肘内侧；眼看左手。（图77）

（3）左脚向前上步，脚跟着地，身体重心在右腿，上体右转；随转体，右手外旋下落，经腹前向右、向上举至与肩平，掌心向上，左手内旋，向右经面前向下、向左画弧搂至左胯旁，掌心向下，指尖向前；眼看右手。（图78）

图 78

（4）左脚尖落实，身体重心左移，左腿屈膝成弓步，右腿微屈；同时，上体左转前倾，右手握拳，经右额向下、向左脚踝内侧下击，拳眼向左，拳面向下，左手握拳收至左胯旁，拳眼向里；眼看右手。（图79）

图79

学练要点

右脚向前下落时，脚跟着地。左手收至腹前，左肘贴靠肋部。右手握拳向下打出，拳面向下，左手收至左胯旁，拳眼向里。动作要协调连贯，眼随手动。

意气配合

此式为两吸两呼。收腿屈身时，吸气；向前移动时，呼气；左腿上步、转身开手时，吸气；左腿弓腿、右拳下打时，呼气。

（三十五）翻身二起脚

动作过程

（1）上体直起，向右后转体180°；随转体，右拳向上，经额前向右前方画弧举至与肩平，拳心斜向上，臂微屈；同时，右脚尖里扣，身体重心移至左腿并屈膝；右脚尖外展，并随转体向右活步踏实，右腿微屈；眼看右拳。（图80）

（2）左脚向前上一步，身体右转，重心落于右腿；同时，左拳外旋，经右拳向前上方钻出，拳与胸平，拳心斜向上；在左拳穿经右拳上方时，右拳内旋收于腰间，拳心向下；眼看左拳。（图81）

图80

图81

（3）右脚向前上一大步，身体重心移至右腿并屈膝，身体下降，左腿屈膝，脚跟抬起；左手下落，右手后摆；接着左腿向前上方摆起，右脚蹬地使身体腾空跃起，在空中右腿迅速向前上方踢摆，腿伸直，脚面绷平；同时，右手向前上方伸出，拍击右脚面，左臂向左前方伸直，掌心向下。在拍击时，左腿尽量屈膝在空中收住，眼看右前方。（图82、图83）

图82   图83

学练要点

二起脚时，右脚要向前上一大步，右脚蹬地跃起，腿在空中要踢直，脚面绷平。

意气配合

右脚蹬地起跳时，提气；身体腾空拍击时，屏息，将气息托住。

（三十六）披身伏虎

🌓 动作过程

（1）左脚落地，左腿屈膝，右脚向左脚后落步，身体重心在左腿；同时，两手伸向胸前，掌心相对如抱球状；眼看两手中间。（图84）

（2）左脚后撤一步，身体左转90°；随转体，两臂摆至左侧，高与肩平；同时，右脚尖稍向左摆踏实，接着再向右转体90°；两手变拳向右、向下画弧收至小腹前，两拳眼向前，身体重心偏向左腿；眼先随视两拳，停式后看前方。（图85、图86）

图 84

图 85

图 86

右脚向后落步时，两手臂前伸，如抱球状，两手回拉时随身体连贯转动。需注意两手的运行路线是：前伸、回拉、左上举，再向右、向下画弧收至小腹前。

此式为一吸一呼。撤步回拉手时，吸气；身体重心后移、右脚虚点、两手下落时，呼气。

（三十七）左分脚

动作过程

（1）身体右转，右脚稍抬起，脚尖外展落地，左膝微屈靠近右膝窝，左脚跟抬起，两腿微屈，重心偏向右腿；同时，两拳变掌上提至胸前，如"合手"式；眼看两手中间。（图87）

（2）左腿伸直向左抬起，高度过髋与手相触；同时，两手如"单鞭"式向左、右分开；眼看左手。（图88）

图 87   图 88

学练要点

左脚跟落地，脚尖内扣，两手相对合于胸前，间距10厘米左右。两手逆时针方向转动，掌心相对合于胸前。两掌分开，左臂朝左脚蹬出的方向伸直。

意气配合

此式为两吸两呼。两掌对合时，吸气；两掌逆时针拧转时，呼气；提膝抬腿时，吸气；左腿蹬伸、两手分掌时，呼气。抬腿蹬伸时，充分展现蓄吸发呼的特点。

（三十八）转身右蹬脚

动作过程

（1）左脚收回成提膝，身体向右转体90°；同时，两手相合如"合手"式（图89）。以右脚前脚掌为轴，身体继续向右后方转；随转体，左脚下落至右脚内侧踏实，重心移向左腿，右脚跟抬起稍向里转，与左脚跟相对；两手仍相合。（图90）

（2）身体微右转，右腿由屈到伸，脚尖向上，以脚跟为力点，向右前方蹬出；同时，两手如"单鞭"式向左右分开；眼看右手。（图91）

图89

图90

图91

两掌对合时，以右脚前脚掌为轴转动身体。右腿屈伸上蹬时，脚尖向上，以脚跟为力点，向右前方蹬出，两手分开，右掌朝向右脚蹬出的方向，眼看右手前方。

意气配合

此式为两吸两呼。转身时，吸气；收脚缓沉时，呼气；提膝时，吸气；蹬脚时，呼气。

（三十九）进步搬拦捶

🌓 动作过程

（1）右脚下落至左脚前，脚尖外展，身体右转；随即左手下落，经右手下向前伸出，掌心向上，左臂微屈，右手回搂收至左肘内侧，掌心向下；眼看左手。（图92）

图 92

图 93

（2）左脚向前上步，脚尖外展，上体微左转；同时，右手外旋，掌心向上，经左手下向前伸出，左手内旋，掌心向下，回搂收至右肘内侧；眼看右手。（图93）

图 94

（3）右脚向前上一步，随即左脚跟至右脚踝内侧，脚尖着地；同时，左手变拳，经右手腕上向前打出，高与胸平，拳眼向上，右手内旋变拳收于左肘下，拳心向下；眼看左拳。（图94）

上步时，脚尖外展，两手左右、上下交替伸出。右脚上步时，左脚跟步，同时左手由掌变拳打出，眼看左拳。

此式为两吸两呼。右脚落步时，吸气；左掌前穿时，呼气；右掌前穿时，吸气；左脚跟步、左拳打出时，呼气。

（四十）如封似闭

动作过程

左拳向后收回，右拳从左臂下稍向前伸，至两拳平齐时变掌，掌心均向前；左脚在左拳收回时向后撤步，随即两手与右脚同时回撤，右脚收至左脚前，脚尖着地，两手收至胸前；眼看前方。（图95）

图 95

学练要点

左拳回收，左脚撤步，右脚收至左脚前，脚尖着地，两手收至胸前。

意气配合

此式为一吸。撤步回收时，吸气；目视前方。

（四十一）抱虎推山

图96

🔘 **动作过程**

右脚向前上步，左脚跟步，脚尖着地，相距右脚约10厘米；同时，两手向前推出，高与肩平，两臂微屈；眼看两手中间。（图96）

学练要点

右脚上步，左脚跟步，两手齐向前推，双目平视两手中间。

意气配合

此式为一呼。两手向前推出时，呼气。

（四十二）开手

☯ **动作过程**

左脚跟落地，全脚踏实，身体重心移向左腿，右脚尖翘起向左扣步，随即向左转体约90°；同时，两手平向左、右分开至虎口与肩相对，五指张开，掌心相对，指尖向上；眼看前方。（图97）

图 97

学练要点

以右脚跟为轴扣转，身体重心随之向左移动。两手打开，掌心相对，虎口朝向两肩，与之相对。

意气配合

此式为一吸。开手时，吸气；两掌分开时，掌心有向内之力的牵引感。

（四十三）合手

图 98

☯ **动作过程**

两腿屈膝，右脚着地踏实，身体重心移向右腿，左脚跟抬起，脚尖着地；同时，两手掌心相对慢慢里合至与脸同宽；眼看两手中间。（图98）

学练要点

身体重心移至右腿，左脚尖着地，全身放松；合手动作，由开手两掌之间与肩同宽的距离，合到与脸同宽的距离。目视两手中间。

意气配合

此式为一呼。合手时，呼气；两掌对合时，掌心有向外之力的顶撑感。

（四十四）左搂膝拗步

图 99

图 100

🔵 动作过程

（1）左脚向左后方迈步，脚跟着地，身体稍向左转；同时，左手向下、向左搂至左胯旁，掌心向下，指尖向右，右手外旋，向下、向右、向上画弧至上举与肩同高，掌心向上；眼看右手。（图99）

（2）身体继续右转；随转体，右脚跟步至左脚内侧，脚尖着地，重心移至左腿；同时，右手向前平推，臂微屈，塌腕立掌，掌心向前，左手继续搂至左胯外侧，指尖向前，掌心向下；眼看右手。（图100）

🌸 学练要点

左手搂至左胯旁时，左脚同时迈步到位，上、下相随，协调一致。右手前推时，要与右脚的跟步动作协调一致，出步、跟步要轻灵。

🌸 意气配合

此式为一吸一呼。出左脚、搂左手时，转身吸气；跟右步、推右掌时，前跟呼气。手搂推时要有攻防之意，上、下肢要协调配合。

（四十五）揽扎衣

🔵 动作过程

（1）右脚后撤，由前脚掌逐渐过渡到全脚掌踏实；同时，右手外旋稍回收，掌心向上，左手向右手上方伸出，掌心向下，两手呈抱球状（图101）。身体重心慢慢移向右腿，随即左脚撤至右脚前，脚尖着地；同时，两手向下捋至小腹前，掌心斜相对。（图102）

图 101

图 102

图 103

（2）左脚向前上步，右脚随即跟步至左脚踝内侧，脚尖着地；同时，左手外旋，右手内旋，举至胸前，右手置于左手腕上，两手向前伸出，左手掌心向上，右手掌心向下；眼看前方。（图103）

（3）随即右脚后撤，脚尖外展，身体重心移向右腿，左脚尖翘起；同时，两手平行向右、向后画半圆至左肩前，掌心向内。（图104）

（4）左脚尖逐渐着地，身体重心移向左腿，右脚随即跟步至左脚后约10厘米处，脚尖外展着地；同时，两手自左肩前向前推出，两臂微屈；眼看左手。（图105）

图 104

图 105

学练要点

两臂抬起，双肩松沉，下按前推，身体重心前跟。以脚跟为轴，手臂平行右摆，右手外旋，掌心向上，左手内旋，掌心向下。右手画半圆时，注意掌心由斜上向正前的变化；向前推出时，身体重心要随之移动，后腿跟步，脚尖着地。动作一气呵成，不可断绝。

意气配合

此式为一吸一呼。手臂向上抬起时，意念要向下，形成对撑，同时吸气；掌心相对时，意念外撑，两臂下落时，呼气。身体转动时，重心应随之转动，脚步随手的变化而变化。

（四十六）开手

动作过程

右脚跟里转，全脚掌踏实，左脚以脚跟为轴，脚尖内扣着地，脚跟抬起，身体随之右转，重心偏于右腿；同时，两手掌心相对，指尖向上，向左、右分开，两手虎口与两肩相对；眼看前方。（图106）

图 106

学练要点

以左脚跟为轴扣转，身体重心随之向右移动。两手打开，掌心相对，虎口朝向两肩，与之相对。

意气配合

此式为一吸。开手时，吸气；两掌分开时，掌心有向内之力的牵引感。

（四十七）合手

☯ **动作过程**

左脚跟落地，身体重心移向左腿，右脚跟抬起；同时，两手掌心相对慢慢里合至与脸同宽；眼看两手中间。（图107）

图 107

学练要点

身体重心移至左腿，右脚尖着地，全身放松；合手动作，由开手两掌之间与肩同宽的距离，合到与脸同宽的距离。目视两手中间。

意气配合

此式为一呼。合手时，呼气；两掌对合时，掌心有向外之力的顶撑感。

（四十八）斜单鞭

右脚向右迈一大步，右腿屈膝成右弓步；同时，两手平行向左、右分开；眼看左手。（图108）

图 108

学练要点

右脚开步要大，右腿屈膝成弓步。两手左、右分开时，眼睛要看左手。

意气配合

此式为一吸一呼。右脚开步、分掌时，吸气；两掌分开至右弓步成定式过程中，逐渐呼气。

（四十九）野马分鬃

（1）左脚收于右脚内侧，脚尖着地，右腿屈膝，身体重心移向右腿；同时，左手向下、向右画弧至腹前，掌心向上；眼看右手。（图109）

图 109

图 110

（2）左脚向左前方迈步，脚尖稍外展；同时，左手向上经胸前向左画弧至左前方，左手腕高与肩平；眼看左手。（图110）

（3）右脚收于左脚内侧，前脚掌着地，左腿屈膝，身体重心偏向左腿；同时，右手向下、向左画弧至腹前，掌心向上；眼看左手。（图111）

图 111

（4）右脚向右前方迈步；右手向上经胸前向右画弧至右前方成"右单鞭"式；眼看右手。（图112）

（5）左脚向右脚前盖步，脚尖外展，两腿屈膝；同时，两手向下、向前交叉（左手在上，右手在下，掌心斜向下）、两臂微屈。身体重心移至左腿，两手分别向上，向左、右画半圆至腹前，掌心向下；眼看前方。（图113、图114）

图112　　　　　　　图113　　　　　　　图114

学练要点

左、右脚在收脚时，要收到另外一只脚的内侧。左手运行路线是：向下、向右画弧至腹前，再向上、向左至左前方，腕部高与肩平，眼看左手。右手运行路线是：向下、向左画弧至腹前，再向上、向右画弧至右前方，眼看右手。

意气配合

此式为两吸两呼。左脚收回时，吸气；左脚伸出、左掌外摆时，呼气；右脚收步、右掌下摆时，吸气；右掌前分、右腿前弓时，呼气。需注意气息和肢体动作的协调配合。

（五十）揽扎衣

😊 动作过程

（1）右脚向前上步，随即左脚跟步至右脚后，脚尖着地；稍停，左脚再向后撤步，身体重心移至左腿，右脚尖翘起；同时，左手置于右手腕一同向前（右手掌心向上，左手掌心向下）。右手向右、向后画半圆至右肩前，两手掌心均向外。（图115至图117）

图 115

图 116

图 117

图 118

（2）右脚尖落地，身体重心移至右腿并屈膝，随即左脚收至右脚后约10厘米处，脚尖着地；同时，两手一同向前推；眼看右手。（图118）

右脚上步时，左脚跟至右脚后方，稍微停顿后，左脚再撤步。需注意左脚撤步时，右脚尖要翘起。左手置于右手腕，右手掌心朝上，左手掌心朝下。身体重心移至右腿后，左脚随即前跟。

意气配合

此式为三吸三呼。右脚上步，左脚前跟时，吸气；左脚后撤步、右脚尖翘，两手交叉时，呼气；两手分掌时，吸气；两手下落时，呼气；右脚尖落地，身体重心移至右腿时，吸气；两手平转前推时，呼气。

（五十一）开手

左脚跟落地，右脚以脚跟为
轴，向左扣转约90°，身体随之向
左转，重心移至左腿；同时，两手
掌心相对，指尖向上，向左、右分
开（两手呈抱球状，随着球中之气
向外膨胀而展开），两虎口与两肩
相对；眼看前方。（图119）

图119

学练要点

以右脚跟为轴扣转，身体重心随之向左移动。两手打开，掌
心相对，虎口朝向两肩，与之相对。

意气配合

此式为一吸。开手时，吸气；两掌分开时，掌心有向内之力
的牵引感。

（五十二）合手

动作过程

两腿屈膝，右脚掌着地踏实，身体重心移至右腿，左脚跟抬起，脚尖着地；同时，两掌心相对慢慢里合，合至两手相距与脸同宽；眼看两手中间。（图120）

图120

学练要点

身体重心移至右腿，左脚尖着地，全身放松。合手动作，由开手两掌之间与肩同宽的距离，合到与脸同宽的距离。目视两手中间。

意气配合

此式为一呼。合手时，呼气；两掌对合时，掌心有向外之力的顶撑感。

（五十三）左单鞭

☯ **动作过程**

　　左脚向左横跨一步，成左弓步，右腿微屈；同时，两手内旋，平行向左、右慢慢分开，两臂微屈，两手掌心向外，立掌，高与肩平；眼看右手。（图121）

图 121

🌸 **学练要点**

　　左腿横跨屈膝，身体重心在左腿。两手内旋向左、右缓慢分开，上体正直，手臂放松。眼看右手。

🌸 **意气配合**

　　此式为一吸一呼。单鞭分掌时，吸气；开立定式后，呼气。需注意屈腿落定时气息要下沉。

（五十四）左云手

动作过程

（1）身体重心移向右腿，随之左脚收于右脚内侧，脚尖着地；同时，上体稍向右转，左手向下、向右画弧至右腹前，掌心斜向下；右手上举至右前方，掌心向前；眼看右手。（图122）

图 122

（2）左脚向左横跨一步，随即右脚收于左脚内侧，脚尖着地，身体重心移至左腿；同时，上体微左转，左手向上、向左画弧至身体左前方，手腕高与肩平，手指向上，掌心向左前方；右手向下、向左经腹前向上画弧至左腹前，掌心斜向下；眼看左手。（图123）

图 123

（3）身体重心移向右腿，随之左脚收于右脚内侧，脚尖着地，上体微右转；同时，左手向下、向右画弧至右腹前，掌心斜向下，右手向上、向右画弧至身体右前方，手腕高与肩平，手指向上，掌心向右前方；眼看右手。（图124）

图 124

孙式太极拳

96

图 125

（4）左脚向左横跨一步，随即右脚收于左脚内侧，脚尖着地，身体重心移至左腿，上体微左转；同时，左手向上、向左画弧至身体左前方，手腕高与肩平，手指向上，掌心向左前方；右手向下、向左经腹前向上画弧至左腹前，掌心斜向下；眼看左手。（图 125）

（5）身体重心移向右腿，随之左脚收于右脚内侧，脚尖着地，上体微右转；同时，左手向下、向右画弧至右腹前，掌心斜向下；右手上举至右前方，掌心向前；眼看右手。（图 126）

图 126

图 127

（6）左脚向左横跨一步，随即右脚收于左脚内侧，脚尖着地，身体重心移至左腿，上体微左转；同时，左手向上、向左画弧至身体左前方，手腕高与肩平，手指向上，掌心向左前方，右手向下、向左经腹前向上画弧至左腹前，掌心斜向下；眼看左手。（图 127）

左脚收至右脚内侧，左手向下、向右画弧至右腹前。左脚出步，右脚收至左脚内侧，左手向上、向左画弧至左前方。左、右手画弧时，掌心朝外，高不过眉，身随手转。

此式为三吸三呼。收左腿、左掌画弧至腹前时，吸气；两手分掌外摆画弧、移动左步时，呼气；右脚跟步、右掌下摆时，吸气；左脚出步、两掌向右侧摆出时，呼气。重复上述动作，继续呼气，直到最后一个动作停止。

（五十五）云手下势

☯ **动作过程**

（1）身体重心移至右腿，左脚向左开步；同时，右手经胸前向右画弧至右前举，掌心向上，略高于肩，左手慢慢下落至左腹前。（图128）

身体向左转90°，随之右脚跟至左脚后；同时，右手随转体向前平推，左手收至左胯旁，掌心向下，五指向前；眼看右手。（图129）

（2）左脚向前迈步，身体重心移至右腿，两腿屈膝；同时，左手从右手背上向前推出，塌腕，掌心斜向前，右手收回至右腹前，掌心向下；眼看左手。（图130）

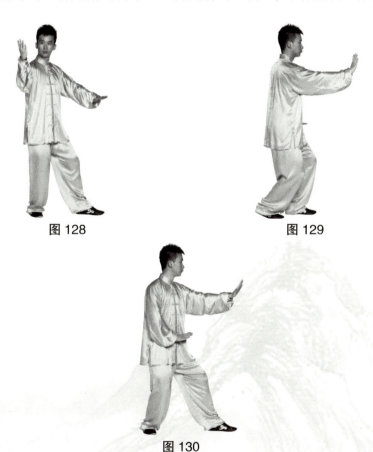

图128   图129

图130

技术篇

99

右手经胸前画弧，右脚跟至左脚后，右手随转体向前平推。左手从右手背上推出时要坐腕，眼看左手。

意气配合

此式为两吸两呼。左腿出步、右掌打开时，吸气；左腿前弓、右掌推出时，呼气；身体重心移至右腿时，吸气；左脚出步、左手推出时，呼气。

（五十六）金鸡独立

动作过程

（1）身体重心移至左腿，两腿屈膝半蹲；两手下落（图131）。左腿伸直独立，右腿屈膝提起，大腿抬平，小腿自然下垂，脚尖上翘；同时，右手经右胯旁向前、向上提至耳侧，左手落至左胯旁，指尖向下；眼看前方。（图132）

图 131

图 132

图 133

图 134

（2）左腿屈膝，右腿向前落步，身体成半蹲；右手下落（图133）。右腿伸直独立，左腿屈膝提起，大腿抬平，小腿自然下垂，脚尖上翘；同时，左手经左胯旁向前、向上提至耳侧；右手落至右胯旁，指尖向下；眼看前方。（图134）

两腿屈膝时半蹲，左、右腿抬起时，大腿要抬平，脚尖上翘；同时，左、右手向上提时，要至耳侧位置，另一手指尖朝下，眼看前方。

此式为两吸两呼。右腿上抬时，吸气，下落时，呼气；左腿上抬时，吸气，下落时，呼气。

（五十七）闪通背

☯ 动作过程

（1）右腿微屈，左腿向后落步，屈膝，身体重心移至左腿，上体微向左转；同时，右臂屈肘，右手提至脸的右前方，左手下落至左胯旁，臂微屈（图135）。右脚后撤并屈膝，身体重心移至右腿，上体稍右转；同时，左臂屈肘，左手上提至左胸前，右手下落至右胯旁，臂微屈；眼看左手。（图136）

图 135

图 136

（2）上体继续右转；左脚后撤半步，脚尖着地；同时，右手外旋，向上举至高于肩，掌心向左或向内，右臂屈肘，左手向右、向下画弧至左胯旁，掌心向下，指尖向右前方，臂微屈；眼看右手（图137）。两腿屈膝下蹲，上体左转并前倾；同时，右手向前、向下按至腓骨前，掌心向下，指尖向左，左手向后收至左胯旁，掌心向下；眼看右手。（图138）

图 137

图 138

（3）身体上起，左脚向前进半步；同时，左手向前推出，手腕高与肩平，掌心向前，臂微屈，右手架于右额前上方，掌心向外，重心在右腿；眼看左手。（图139）

（4）身体右转180°，随转体，左脚里扣，右脚向右稍开步外摆，脚尖向前，重心移至左腿；同时，右手向右前方推出，掌心向前，手腕高与肩平，臂微屈；左手向左画弧架于左额前上方，掌心向外；眼看右手。（图140）

图 139　　　　　　　　　　图 140

学练要点

动作连贯，一气呵成。

意气配合

此式为三吸三呼。左脚后落、右手摆出时，吸气；右脚撤步，左手摆至体侧时，呼气；左脚撤步，右手上举时，吸气；右手体前下按、左脚前出、左臂推出时，呼气；右手抬起时，吸气；右脚前出、右臂推出时，呼气。

（五十八）玉女穿梭

动作过程

（1）右脚稍回撤外摆；同时，左手外旋里裹，向下至左胸前，掌心向上，臂微屈，右手向下收至左肘内侧，拇指侧对胸，掌心向下；眼看左手。（图141）

图 141

（2）左脚向左前方上一步，右脚随即跟步至左脚后约10厘米处，脚尖着地，身体左转；同时，左手内旋，向上架于左额前上方，右手置于左胸前，右肘贴肋；眼看前方。（图142）

图 142

图 143

图 144

（3）左脚里扣；右手外旋举于右胸前，掌心向上，臂微屈，左手下落于右肘内侧，拇指侧对胸，掌心向下（图143）。身体继续向右转，右脚随转体向前进一步，随即左脚跟至右脚后约10厘米处，脚尖着地；同时，右手架于右额前上方，左肘贴肋；眼看前方。（图144）

（4）右脚向左撤半步，脚尖稍内扣，身体重心在右腿，上体微左转；左手外旋举至左胸前，掌心向上，臂微屈，右手向下收至左肘内侧，拇指侧对胸，掌心向下（图145）。左脚向左前方上一步，右脚随即跟步至左脚后约10厘米处，脚尖着地；同时，左手架于左额前上方，右手在胸前，右肘贴肋；眼看前方。（图146）

图 145

图 146

图 147

图 148

（5）左脚里扣；右手外旋举于右胸前，掌心向上，臂微屈，左手下落于右肘内侧，拇指侧对胸，掌心向下（图147）。身体继续向右转，右脚随转体向前进一步，随即左脚跟步至右脚侧后方约10厘米处，脚尖着地；同时，右手架于右额前上方，左手向前推出，臂微屈，手腕与胸平，掌心向前，指尖向上；眼看左手。（图148）

上步时，后腿紧跟，同时身体向内拧裹，一手架于额前上方，另一手手掌轻推而出。该动作分别朝向四个隅角。转身换步时，身体要灵活移动。

意气配合

此式为四吸四呼。两手微开时，吸气；上步拧转时，呼气；左脚上步时，吸气；右脚跟步、身体左转时，呼气；右脚出步、左掌外开时，吸气；右脚上步、左脚跟步、身体向右拧转时，呼气；身体后转，左脚出步、左手打开时，吸气；左脚跟步、左掌推出时，呼气。需注意身体随意识和气息协调配合。

（五十九）高探马

左脚跟落地踏实，身体
重心移至左腿，左腿屈膝，右
脚跟提起，脚尖着地；同时，
右手向下、向前伸出，左手回
收至右肘内侧，两手指尖均向
前，拇指侧向上，臂微屈；眼
看右手。（图149）

图 149

🌸 **学练要点**

身体重心移至左腿，右脚跟要提起，脚尖着地。左手在右肘
内侧，两手指尖向前，拇指侧向上，眼看右手。

🌸 **意气配合**

此式为一吸一呼。左脚跟落地、右手前伸时，吸气；身体重
心后坐、身体成定式时，呼气。

孙式
太极拳

（六十）十字拍脚

☯ 动作过程

（1）右脚尖外摆，全脚掌着地，与左脚呈外八字形；同时，左手外旋，右手内旋，屈臂在胸前上下相合，右手在上，左手在下，掌心相对，相距约10厘米；眼看前方。（图150）

（2）右脚以前脚掌为轴，身体右转，随转体左脚向里合扣至右脚内侧，两脚踏实，稍呈八字形，两膝微屈；同时，两手在胸前，右手在上，左手在下，掌心相对。两腿屈膝半蹲，右脚跟微抬起，身体重心移至左腿；两手变成立掌交叉，右掌在外，左掌在里；眼看两手。（图151、图152）

图150　　　　　　　图151　　　　　　　图152

（3）身体上起，重心全部移至左腿，右腿向前上方抬起，脚面展平；同时，左手在胸前迎拍右脚面，右手向下、向右画弧成侧举，手腕高与肩平；眼看左手。（图153）

图 153

学练要点

外摆的右脚尖与左脚呈外八字形，两臂旋转在胸前对合，间距约10厘米。身体右转时，以右脚的前脚掌为轴，左脚内扣，稍呈八字形。屈膝半蹲时，身体重心在左腿；右腿抬起，右脚面展平，左手拍右脚面；眼看左手。

意气配合

此式为两吸两呼。右脚外摆合手时，吸气；左脚扣步转体时，呼气；两手腕下沉屈膝时，吸气；右腿踢出时，呼气。需注意起身拍脚时，气息应随身体的浮动而有所控制。

（六十一）上步指裆捶

动作过程

（1）右腿屈膝收提于身前；两手臂前举，臂微屈，两手掌心向下；眼看前方。（图154）

图 154

（2）右脚向前落地，两腿屈膝，两脚连续向前上三步。当右脚上第一步时，两腿屈膝半蹲，身体重心移至右腿；随即左脚上第二步，两手慢慢下落；当右脚上第三步时，两腿屈膝深蹲，左脚随即跟至右脚后约10厘米处，上体前倾，身体重心在右腿上；同时，右手握拳向前下打出，拳眼向上，拳同腹高，左手扶于右臂内侧；眼看右手。（图155至图157）

图 155

图 156

图 157

右腿收提时，两手臂成前举，右脚落地后，连续向前上三步，至第三步时，左脚跟至右脚后约10厘米处。右手握拳打出时，拳头与腹部同高。整个动作过程要轻灵中兼有沉稳，厚重中不失敏捷，落步要轻缓。

此式为一吸一呼。右脚落步、上步分掌时，吸气；右脚上步，右拳打出后，呼气。在向前连上三步的过程中，气息稍微内含下沉，稍屏息后注意右拳打出时的呼气配合。

（六十二）活步揽扎衣

动作过程

（1）左脚全脚掌着地，右脚向后撤步；同时，右拳变掌，两手向前伸出，掌心相对，指尖向前；眼看两手。（图158）

（2）左脚收至右脚前，脚尖着地；两手虚握变拳向下收至小腹前，拳心向上；同时，眼看前方。（图159）

图 158

图 159

图 160

图 161

（3）左脚向前进半步，脚尖外摆着地，身体重心仍在右腿；同时，两拳贴着身体向前方伸出（图160）。右脚向前上步，脚尖着地；两拳向下呈弧形收至小腹前，拳眼相对；眼看前方。（图161）

图 162

（4）右脚向前进一步，左脚随即跟步至右脚后，脚尖着地；同时，两拳变掌向前上方伸至右肩前，右手掌心向上，左手掌心向下，左手靠近右手腕内侧；眼看右手。（图162）

（5）左脚向后撤步并屈膝，身体重心移至左腿，右脚尖翘起；两手向右、向后画弧至右肩前，掌心向外，两臂屈肘；眼看右手。（图163）

图 163

图 164

（6）右脚尖逐渐着地，身体重心移至右腿，左脚随即跟至右脚后约10厘米处；同时，两手向前推出，两臂微屈，左手扶右手腕；眼看右手。（图164）

左脚跟着地时，两脚全脚掌着地。两手前伸时，掌心相对。两手收至腹前时，虚握拳。两拳伸出，高与肩平，两拳回收，眼看前方。两掌向右、向后画弧至右肩位置，两手推出时左手扶右手腕。上步要轻灵，上、下肢要协调一致。

意气配合

此式为四吸四呼。右脚后撤、两手前伸、整个身体打开时，吸气；左脚收回、两拳收于腹前时，呼气；左腿弓步、两拳前出时，吸气；两拳收回时，呼气；两手前穿时，吸气；左腿跟步落定后，呼气；两手体前平转时，吸气；两掌推出时，呼气。

（六十三）开手

动作过程

左脚跟落地，右脚以脚跟为轴，向左扣转约90°，身体随之向左转，重心移至左腿；同时，两手掌心相对，指尖向上，向左右分开（两手呈抱球状，随着球中之气向外膨胀而展开），两手虎口与两肩相对。（图165）

图165

学练要点

以右脚跟为轴扣转，身体重心随之向左移动。两手打开，掌心相对，虎口朝向两肩，与之相对。

意气配合

此式为一吸。开手时，吸气；两掌分开时，掌心有向内之力的牵引感。

（六十四）合手

☯ **动作过程**

两腿屈膝，右脚着地踏实，身体重心移至右腿，左脚跟抬起，脚尖着地；同时，两手掌心相对慢慢里合至与脸同宽；眼看两手中间。（图166）

图 166

🌸 **学练要点**

合手动作，由两掌之间与肩同宽的距离，合到与脸同宽的距离。身体重心移至右腿，左脚尖着地，全身放松，目视两手中间。

🌸 **意气配合**

此式为一呼。合手时，呼气；两掌对合时，掌心有向外之力的顶撑感。

（六十五）左单鞭

🏴 **动作过程**

左脚向左横跨一步，屈膝，右腿微屈，身体重心移向左腿；同时，两手内旋，向左、右慢慢分开，两臂微屈，两手掌心向外，立掌，高与肩平；眼看右手。（图167）

图 167

学练要点

左腿横跨屈膝，身体重心在左腿。两手内旋向左、右缓慢分开，上体正直，手臂放松。眼看右手。

意气配合

此式为一吸一呼。分掌时，吸气；开立定式后，呼气。需注意屈腿落定时气息要下沉。

（六十六）单鞭下势

🅰️ 动作过程

身体左转，右脚里扣，左脚外展，身体后坐，重心移至右腿；同时，右手随转体收至右腹前，掌心朝下，左手稍下落，掌心斜向前；眼看左手。（图168）

图 168

🌀 学练要点

右脚里扣的同时左脚外摆，右手收至右腹前，掌心朝下，眼看左手。

🌀 意气配合

此式为一吸一呼。右脚里扣和左脚外摆时，吸气；左掌前按、右掌按于腹前时，呼气。

（六十七）上步七星

动作过程

左脚稍向前活步，身体重心移至左腿，随即右脚跟至左脚后约10厘米处，脚尖着地；同时，左臂屈肘立掌，右手向前、向上画弧从左手腕下伸出，两手交叉，距离胸口约20厘米，右手在外，两手指尖均向上；眼看两手。（图169）

图 169

学练要点

左脚向前活步时，右脚前跟。左、右手腕交叉，距离胸口约20厘米，右手在外，左手在内。

意气配合

此式为一吸一呼。右脚上步、两手交叉时，吸气；右脚跟步、两手交叉后，呼气。

（六十八）退步跨虎

☯ 动作过程

两手分开，左手向下搂至左胯旁，掌心向下，右手外旋，向下、向左、向上、向右画弧经额前内旋向下按至腹前，掌心向下，指尖向左；同时，右脚后撤一步，随即左脚撤至右脚前，脚尖着地，两腿屈膝，身体重心移至右腿（图170）。右手上抬，左腿提膝，脚尖翘起；眼看右手。（图171）

图 170

图 171

🌀 学练要点

下搂的左手在左胯旁，右手向下、向左、向上、再向右后画弧至腹前，指尖向左。左腿提膝时，右手上抬。需注意脚尖翘起，眼看右手。

🌀 意气配合

此式为一吸一呼一吸。右脚撤步、右手向后打开时，吸气；左脚回收、右掌下按时，呼气；左腿提膝抬起时，吸气。

（六十九）转身摆莲

🌀 动作过程

右脚跟提起，右脚以前脚掌为轴，身体右转约135°，左脚随转体向右合扣至右脚内侧落地，略呈八字形；同时，两手随转体带至腹前，掌心均向下（图172）。身体继续右转约180°，右脚随之向上、向右摆起；两手依次（左手先、右手后）向左拍击右脚面；在转体摆脚时，左脚随之向右踮转。（图173）

图 172

图 173

❀ 学练要点

身体右转时，以右脚前脚掌为轴转动。左脚在转体时内扣落至右脚内侧，两手如捧物状随身体转动，右脚摆起的方向由上再向右，两手拍击脚面的高度应高于胸部。

❀ 意气配合

此式为一呼一吸。落脚转体时，呼气；起腿拍脚时，吸气。

（七十）弯弓射虎

☯ **动作过程**

　　右脚向右前方落步；两手外旋收至两腰侧，掌心均向上。身体重心移至右腿；同时，两手向前上方伸出（在伸的过程中两手内旋），掌心均向下，两臂微屈；眼看两手中间。（图174、图175）

| 图 174 | 图 175 |

✿ **学练要点**

　　右脚落步的方位在右前方，两手收至腰侧要外旋内收。两手向前上方伸出时，掌心向下，眼看两手中间。

✿ **意气配合**

　　此式为一呼一吸一呼。右脚下落时，呼气；两手体前收合时，吸气；两手前伸时，呼气。

（七十一）双撞捶

🔅 **动作过程**

左脚收至右脚内侧，脚尖着地；同时，两手变拳回收至腹前，拳心向下。左脚向前上步，右脚跟步至左脚后约10厘米处，脚尖外摆落地；同时，两拳向前撞击，拳心向下，两臂微屈；眼看两拳。（图176、图177）

图 176 　　　　　　　　　　图 177

🌿 **学练要点**

左脚收至右脚内侧，两手由掌变拳收至腹前。左脚上步时右脚跟出，两拳向前撞击时，手臂微屈，目视两拳打出的方向。

🌿 **意气配合**

此式为一吸一呼。两手收至腹前时，吸气；左脚上步、两拳打出时，呼气。

（七十二）阴阳合一

☯ **动作过程**

（1）身体右转，两拳随转体外旋里裹，拳心向上（右拳在左手腕处，两肘贴肋）；同时，左脚跟里扣，右脚后撤，脚尖外撇；眼看左拳。（图178、图179）

图 178

图 179

图 180

图 181

（2）身体重心移至右腿，左脚跟着地，脚掌抬起；同时，左拳由右手腕下向外挽至右拳外侧，右拳内旋微向里，两肘下垂，两拳交叉，拳心向后（图180）。左脚微向前活步，两腿屈膝；两拳心向前；眼看两拳。（图181）

学练要点

身体右转时，两拳由外旋向里裹，两肘贴肋，左脚跟里扣，脚跟着地，眼看左拳。左拳旋拧向外至右拳外侧。需注意两拳交叉时，两肘下垂。

意气配合

此式为两吸两呼。转体收拳时，吸气；两拳交叉时，呼气；两手向内翻转时，吸气；身体重心后移、左脚掌抬起时，呼气。

（七十三）收势

☯ **动作过程**

左脚收至右脚内侧，两脚跟靠拢，身体保持直立；同时，两拳变掌向左、右分开，向下落至两胯旁；眼平视。（图182）

图 182

🏵 **学练要点**

左脚收至右脚内侧，脚跟靠拢；两拳变掌左右分开，向下落于胯部两侧，目光平视。

🏵 **意气配合**

此式为一吸一呼。收腿开手时，吸气；两臂下落时，呼气。